УВАЖАЕМЫЕ ВЗРОСЛЫЕ!

Вашему ребёнку исполнилось 4 года, а значит, появилась прекрасная возможность своевременно помочь малышу развить его интеллект. Эта книга подскажет, как правильно построить занятия и на что следует обратить особое внимание.

Очень важно не перегрузить ребёнка информацией и не отбить у него интерес к учёбе. Учитывая этот важный фактор, была разработана уникальная система занятий.

Задания в книге расположены таким образом, чтобы, занимаясь с малышом всего по 15–20 минут в день, вы смогли в полной мере охватить всю дошкольную программу: потренировать память и мышление; уделить внимание таким важным областям знаний, как математика и развитие речи; подготовить руку к письму.

Каждое занятие в книге занимает четыре странички. Все они объединены одной темой («Времена года», «Профессии», «Транспорт» и т. д.). Это позволит ребёнку лучше сосредоточиться и сделать занятие более продуктивным.

Не торопите малыша во время выполнения задания, старайтесь ему помогать, но в то же время не подавляйте инициативы. Не оценивайте результаты ребёнка слишком строго и по окончании работы обязательно его похвалите.

Очень надеемся, что эта книга станет вашим лучшим помощником.

Рекомендации для взрослых даны под значком для взрослых !

Желаем успехов!

РАЗВИТИЕ МЫШЛЕНИЯ

Найди закономерность в расположении картинок в таблицах. Какие фигурки должны быть нарисованы в пустых клеточках?

для взрослых ! *Учимся находить закономерность в расположении фигур.*

Зачеркни столько фигурок, сколько красных точек.

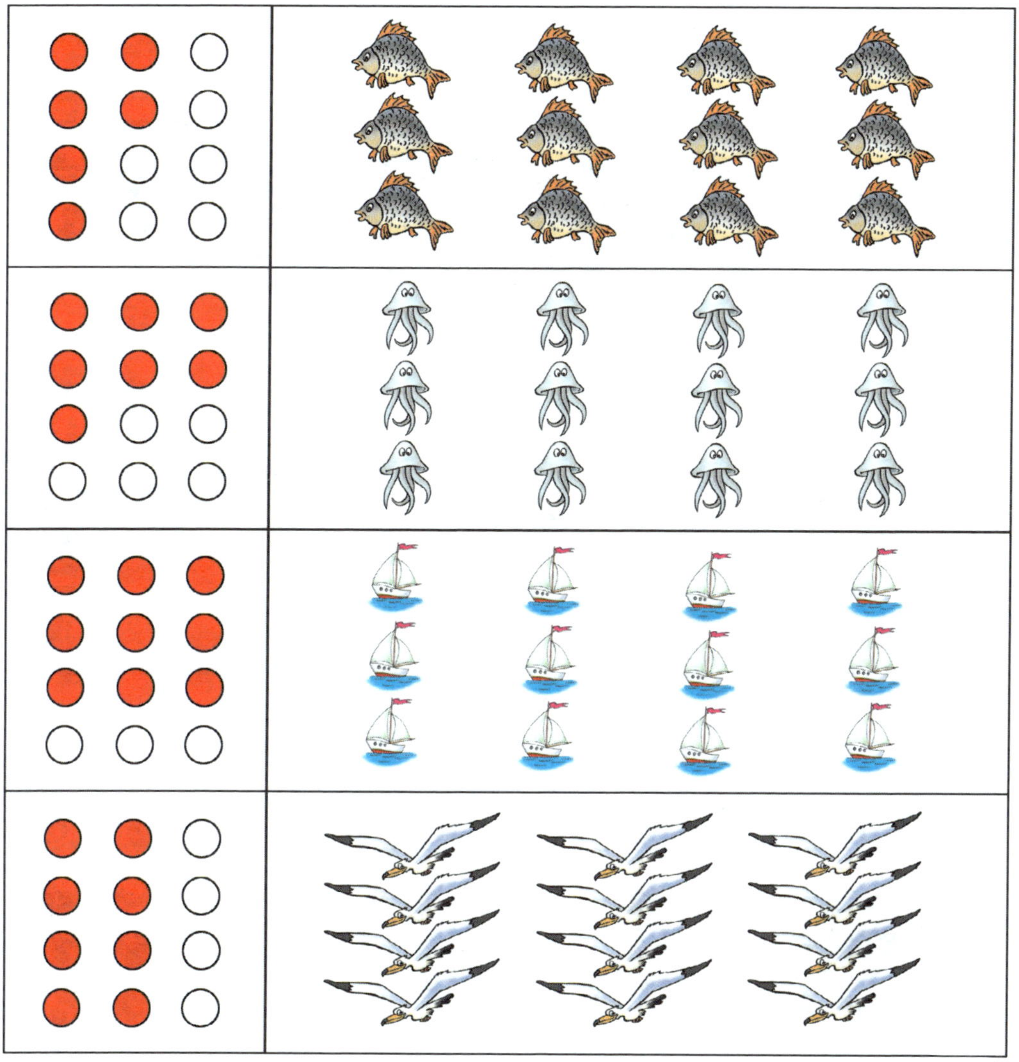

ДЛЯ ВЗРОСЛЫХ! *Учимся сравнивать количество предметов в группах.*

Закончи предложения, изменяя слово «море». Попробуй самостоятельно придумать предложения с предлогами **по**, **над**, **в**.

Кораблик плывёт ... (по морю).

Чайка летит ... (над морем).

Девочка купается ... (в море).

ДЛЯ ВЗРОСЛЫХ !

Учимся правильно использовать в речи предлоги и ставить существительные в падежную форму.

Нарисуй сначала волны по пунктирным линиям, а затем – самостоятельно.

для взрослых!

Учимся проводить дугообразные линии.

РАЗВИТИЕ ПАМЯТИ

Сосчитай, сколько на страничке разных птичек. Запомни их количество. Закрой рисунок листом бумаги. Постарайся вспомнить, сколько птичек было в каждой группе.

Для взрослых! *Учимся запоминать количество предметов.*

Сколько цапель стоит на одной ноге? А сколько – на двух ногах? Сколько всего цапель? Раскрась соответствующее число квадратов.

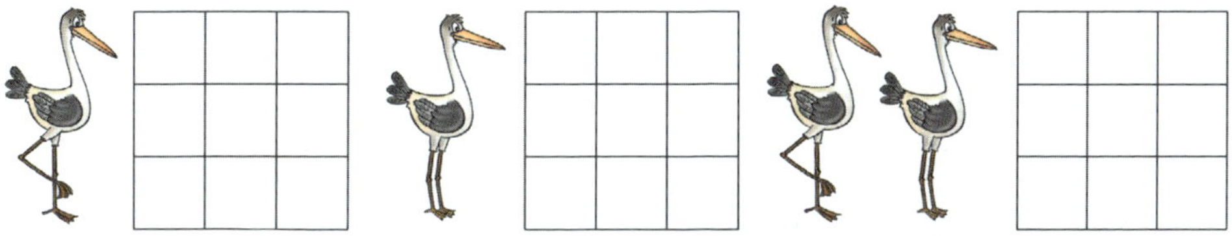

для взрослых! *Закрепляем навык устного счёта.*

Как называются эти птицы?
Что ты о них знаешь?

ДЛЯ ВЗРОСЛЫХ

Расширяем словарный запас; учимся узнавать и правильно называть птиц; составлять о них небольшой рассказ.

Обведи фигурки по пунктирным линиям.

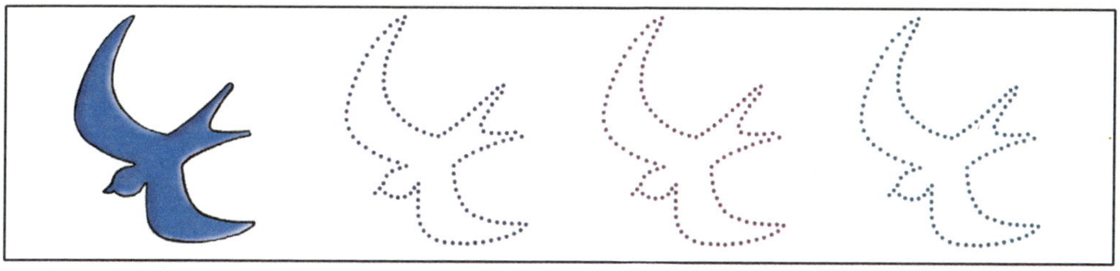

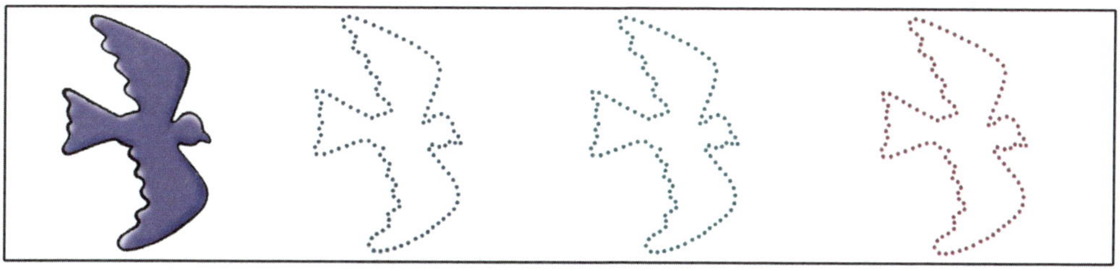

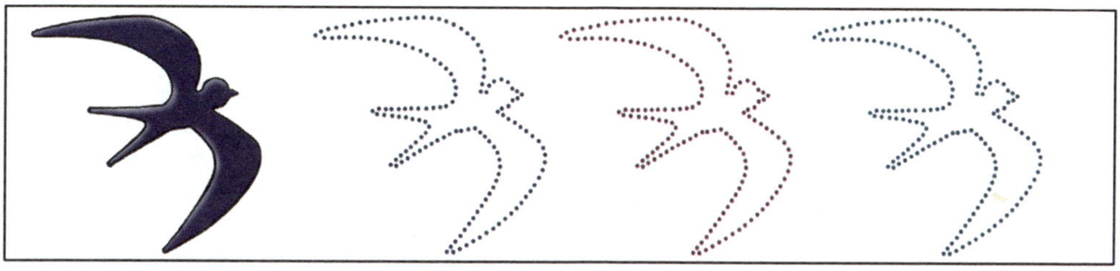

для взрослых !

Учимся проводить контурную линию.

РАЗВИТИЕ ПАМЯТИ

Сосчитай, сколько на страничке разных предметов. Закрой рисунок листом бумаги и постарайся вспомнить, сколько предметов было в каждой группе.

Для взрослых! *Учимся запоминать количество предметов в группах.*

Сосчитай предметы в каждом ряду.
Проведи стрелочки к нужным цифрам.

1

2

3

4

5

6

7

8

9

10

ДЛЯ ВЗРОСЛЫХ !

Учимся узнавать и правильно называть цифры; соотносить их с определённым количеством предметов.

Повтори скороговорки несколько раз,
и с каждым разом всё быстрее и быстрее.

Из-за леса, из-за гор
едет дедушка Егор.

Все бобры добры
для своих бобрят.

На горе гогочут гуси,
под горой огонь горит.

Кукушка кукушонку
купила капюшон.
Надел кукушонок капюшон.
Как в капюшоне он смешон.

ДЛЯ ВЗРОСЛЫХ

Учимся быстро и правильно произносить скороговорки.

Проведи линию по середине дорожки.

ДЛЯ ВЗРОСЛЫХ ! *Развиваем координацию движения руки.*

РАЗВИТИЕ ВНИМАНИЯ

Дорисуй на картинках справа недостающие детали.

ДЛЯ ВЗРОСЛЫХ ! *Учимся сравнивать рисунки и находить отличия.*

Сосчитай, сколько санок и сколько детей. Всем ли малышам хватит санок? Санок больше, чем детей, или меньше? На сколько?

Для взрослых! *Учимся сравнивать количество предметов в группах; понимать отношения между числами: каждое последующее число на один меньше предыдущего и наоборот.*

Что нарисовано на страничке? Какие слова отвечают на вопрос «кто?», а какие – на вопрос «что?»?

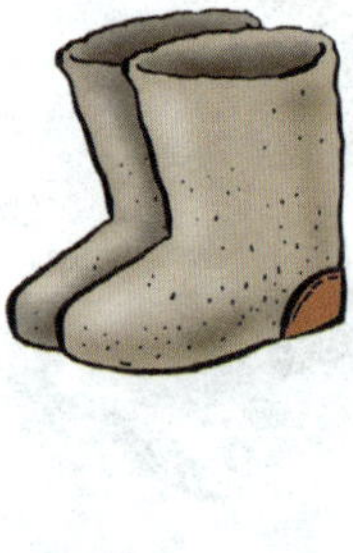

ДЛЯ ВЗРОСЛЫХ

Учимся различать одушевлённые и неодушевлённые предметы.

Проведи линии по середине дорожки, не отрывая карандаш от бумаги.

ДЛЯ ВЗРОСЛЫХ

Учимся аккуратно проводить волнистые линии.

РАЗВИТИЕ МЫШЛЕНИЯ

Назови все нарисованные предметы. К какой сфере деятельности человека они относятся? Найди и покажи предмет, который не подходит к остальным. Объясни свой выбор.

ДЛЯ ВЗРОСЛЫХ !

Учимся классифицировать предметы (дуршлаг – лишний предмет в этой группе).

Пронумеруй лыжи и палки по порядку – от самых длинных до самых коротких.

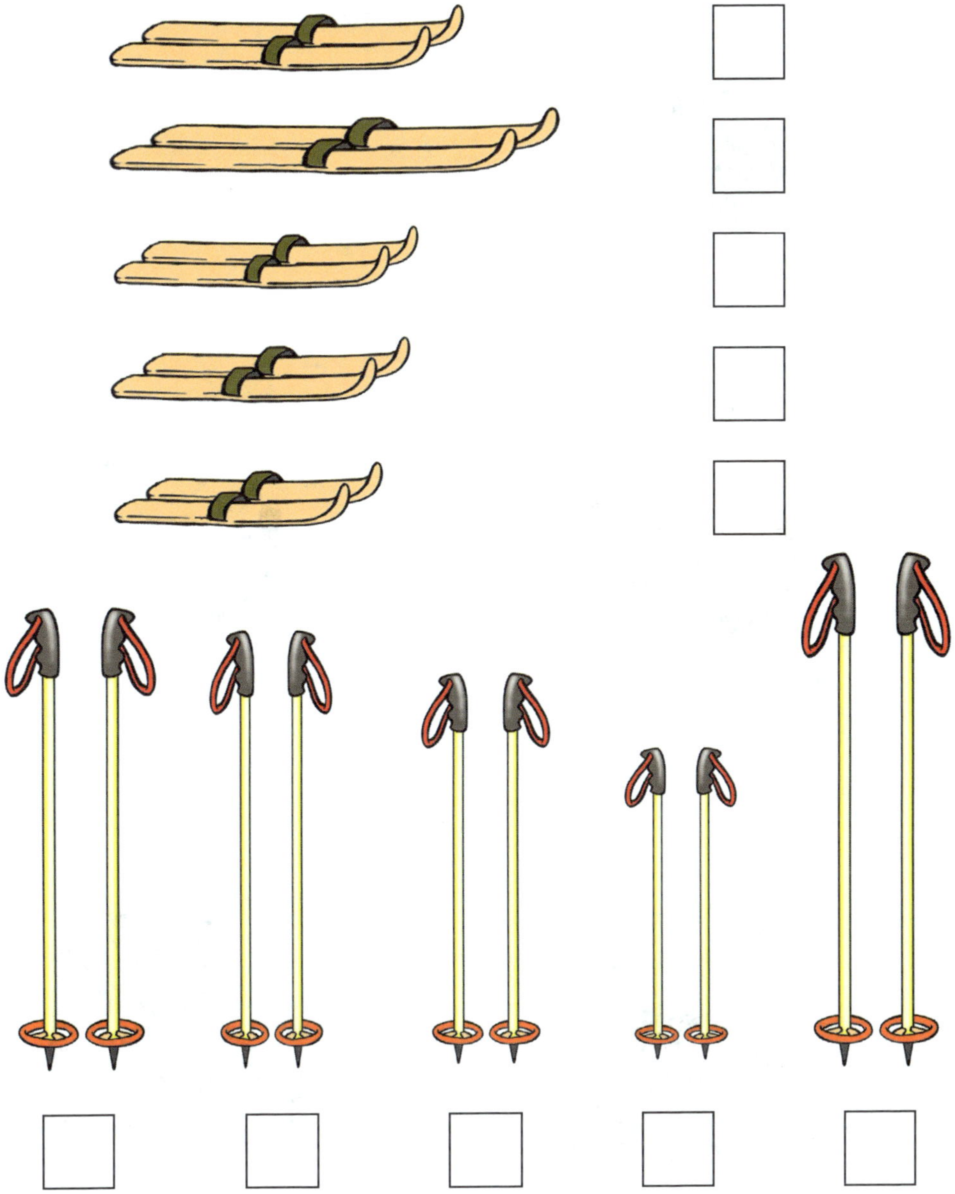

для взрослых !

Учимся сравнивать предметы по длине; в правильном порядке записывать цифры.

Что нарисовано на страничке. Попробуй сравнить эти предметы. Расскажи, чем они похожи и чем отличаются.

ДЛЯ ВЗРОСЛЫХ !

Учимся правильно называть отличительные признаки предметов.

Обведи фигурки по пунктирным линиям.

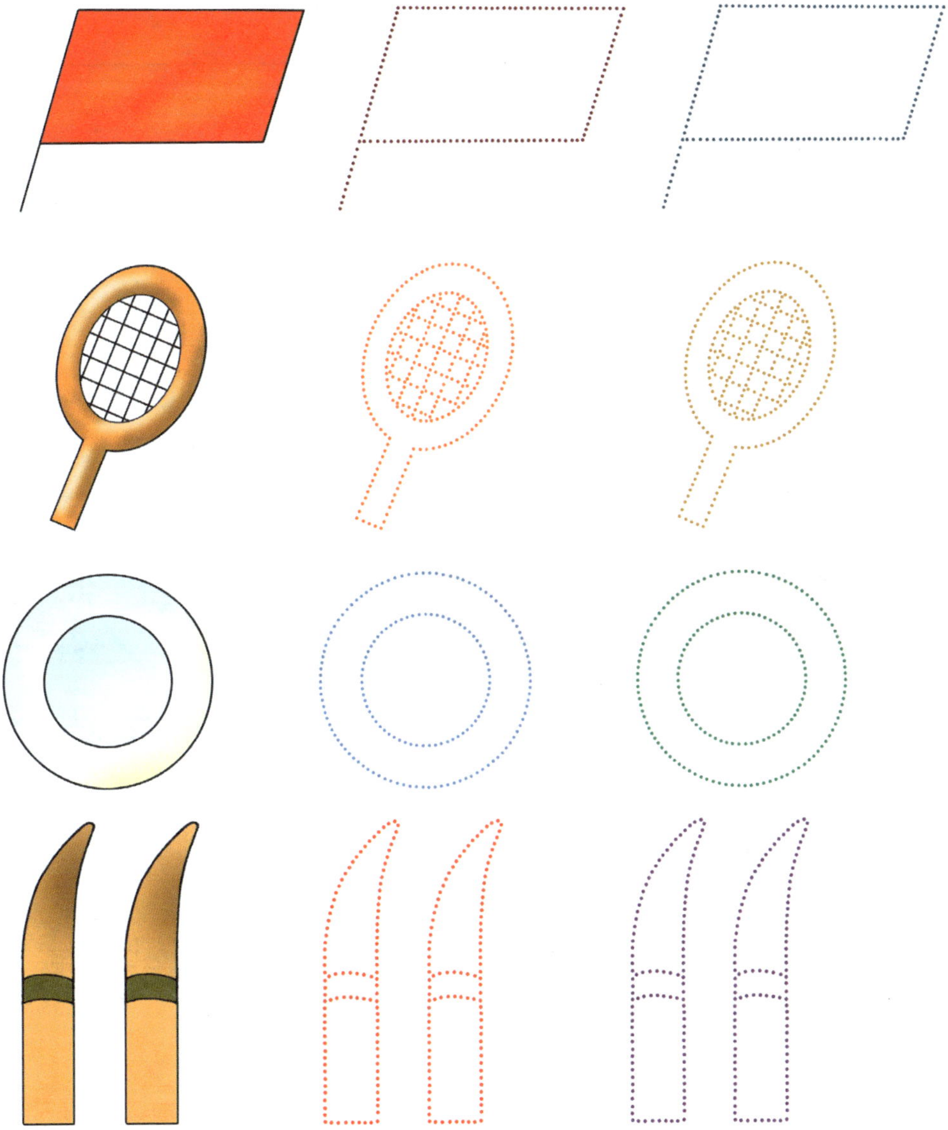

для взрослых

Учимся обводить рисунки по контуру.

Какая новая картинка появляется
в каждом последующем ряду
по сравнению с предыдущим?

Учимся сравнивать рисунки и находить отличия.

Сосчитай, сколько овощей в каждом ряду. Который по счёту огурец? Какие овощи нарисованы перед ним, какие – после него, какие – между ним и другими овощами?

Закрепляем навыки количественного и порядкового счёта; учимся правильно использовать в речи порядковые числительные.

Что растёт в саду, а что в огороде?
Назови каждую группу предметов одним словом.
Отгадай загадку и найди рисунок-отгадку:
«И зелен и сладок, лежит между грядок».

Для взрослых!

Учимся узнавать и правильно называть фрукты и овощи; отгадывать загадки.

Сначала обведи фигурки по контуру, а затем нарисуй их самостоятельно.

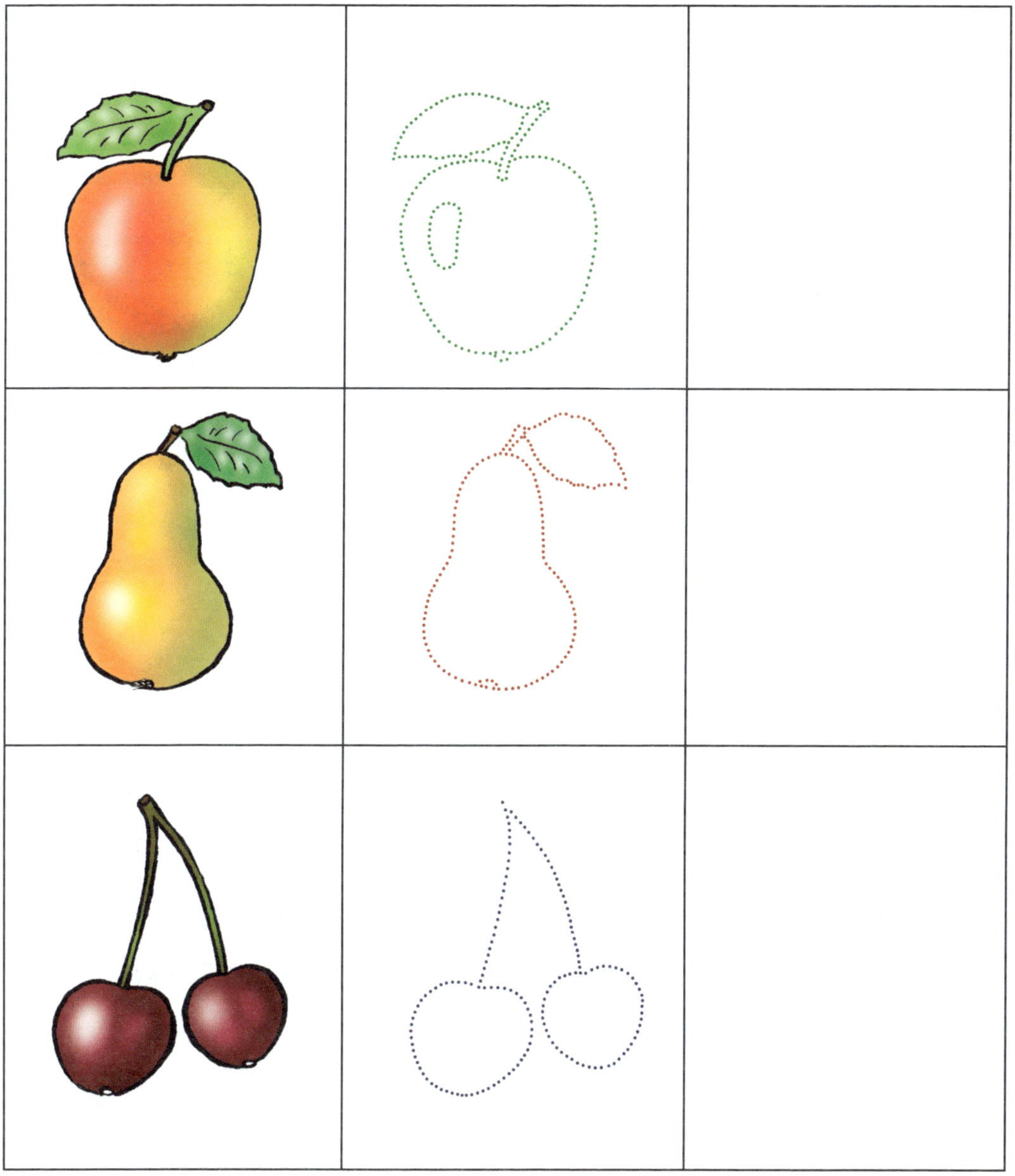

для взрослых

Учимся рисовать предметы по образцу.

РАЗВИТИЕ МЫШЛЕНИЯ

Кто нарисован на этой страничке?
Подбери каждому артисту подходящий
предмет для выступления.

ДЛЯ ВЗРОСЛЫХ !

Учимся соотносить предметы по смыслу.

Сколько предметов нужно доложить в каждый ящик, чтобы их общее число соответствовало указанным цифрам?

Учимся раскладывать числа.

Внимательно рассмотри картинку. Что делают собачка, голуби, обезьянка и медведь? Приходилось ли тебе когда-нибудь видеть их выступление в цирке? Расскажи о своих впечатлениях (что тебе больше всего запомнилось).

ДЛЯ ВЗРОСЛЫХ !

Учимся отвечать на вопросы полными предложениями, правильно называть действия; развиваем связную речь.

Проведи линии по середине ленточек, не отрывая карандаш от бумаги.

ДЛЯ ВЗРОСЛЫХ *Учимся проводить петлеобразные линии.*

РАЗВИТИЕ ПАМЯТИ

Постарайся запомнить эту картинку. Закрой книжку и расскажи, что нарисовали зверята.

Учимся запоминать нарисованные предметы.

Помоги летающим тарелкам совершить безаварийную посадку – дорисуй в пустых окошках нужное количество точек. Их общее число должно соответствовать указанным цифрам.

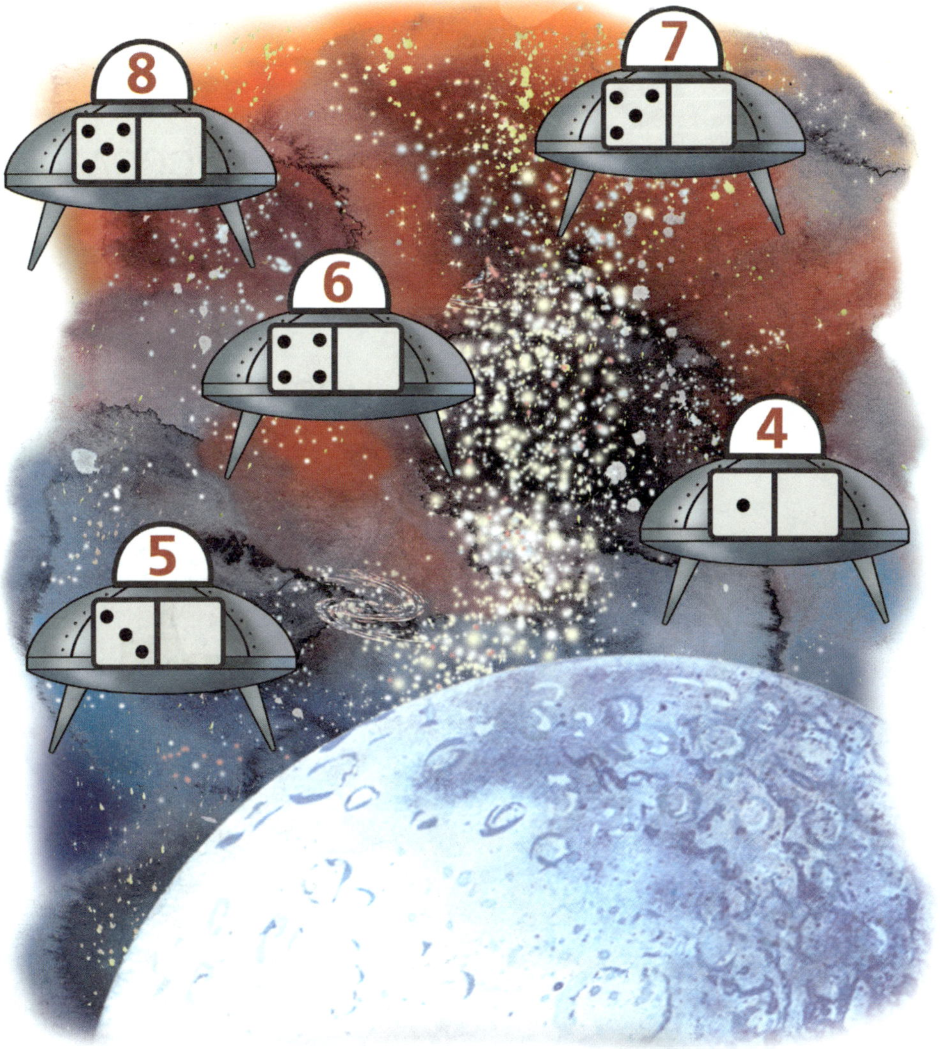

Учимся раскладывать числа; соотносить цифру с определённым количеством предметов.

РАЗВИТИЕ РЕЧИ

Объясни инопланетянам, что обозначают эти слова.

ПЛАВАТЬ

СПАСИБО

РАДУГА

ДОБРЫЙ

ПРЯТАТЬ

РИСОВАТЬ

РАДОСТЬ

НОВЫЙ

ДЛЯ ВЗРОСЛЫХ

Учимся понимать и правильно объяснять лексическое значение слов, чётко формулировать свою мысль; развиваем связную речь.

Соедини звёздочки линиями,
как показывают стрелочки.

для взрослых !

Учимся проводить дугообразные линии.

РАЗВИТИЕ ВНИМАНИЯ

Найди одинаковых неваляшек.

для взрослых

Учимся находить одинаковые предметы.

В каких машинках поедут игрушки? Реши примеры и подбери к ним правильные ответы.

для взрослых ! *Учимся решать примеры на сложение.*

Внимательно рассмотри картинку.
Кто в очереди за мороженым последний?
Придумай про друзей весёлую историю.

ДЛЯ ВЗРОСЛЫХ !

Учимся говорить правильно (употребление слова «крайний» в данной речевой ситуации является неверным); развиваем творческие способности.

Проведи волнистые линии между игрушками – покажи, как будут катиться мячики.

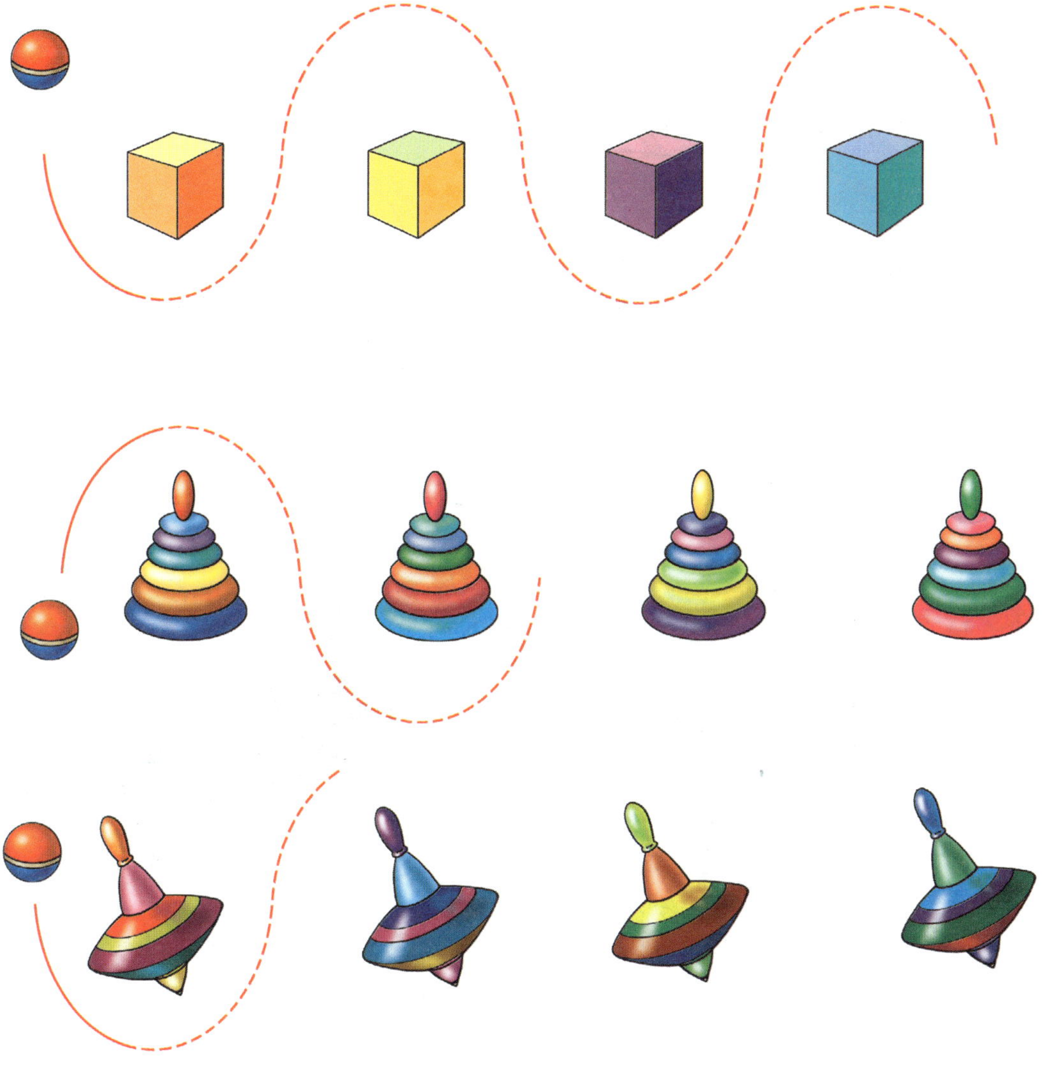

ДЛЯ ВЗРОСЛЫХ ! *Учимся проводить волнистые линии.*

РАЗВИТИЕ МЫШЛЕНИЯ

Что было сначала, а что – потом?

Учимся устанавливать правильную последовательность событий.

Реши примеры и подбери коробку к каждому торту.

для взрослых !

Учимся решать примеры на вычитание.

Какие предметы нарисованы на страничке?
Назови первый и последний звук в каждом слове.
Расскажи, что ты знаешь об этих продуктах.

МОЛОКО

СОК

ХЛЕБ

СЫР

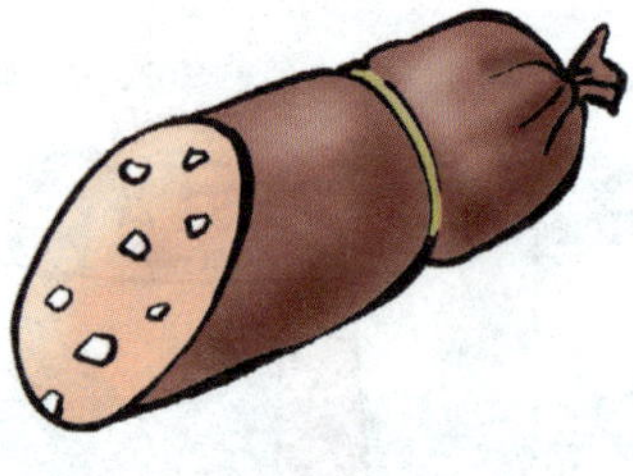

ТОРТ

КОЛБАСА

ДЛЯ ВЗРОСЛЫХ!

Учимся выделять в словах первый и последний звук; составлять небольшой рассказ о предмете.

Постарайся провести точно такие же линии, как показано на образце.

ДЛЯ ВЗРОСЛЫХ !

Развиваем координацию движения руки – учимся проводить дугообразные линии, не отрывая карандаш от бумаги.

РАЗВИТИЕ ПАМЯТИ

Кто спрятался за забором? Закрой книжку и постарайся вспомнить, какие домашние животные были нарисованы на страничке.

для взрослых!

Учимся запоминать нарисованные предметы; узнавать и правильно называть домашних животных (кролик, корова, лошадь, собака, кошка, свинья).

Реши задачки и впиши в квадраты нужные цифры.

Сколько осликов? ☐ Сколько козлят? ☐

Сколько всего животных? ☐

Сколько белых котят? ☐ Сколько чёрных? ☐

Сколько всего котят? ☐

Учимся решать задачи на сложение; правильно называть и записывать цифры.

Прочитай слова и чётко произнеси выделенные в них звуки. Как называются буквы, которые их обозначают? Найди и подчеркни буквы гласных звуков. Сосчитай и запиши, сколько слогов в каждом слове.

КОТ ☐

СО**Б**АКА ☐

О**Л**ЕНЬ ☐

ОВ**Ц**А ☐

СВИНЬЯ ☐

ВЕРБЛЮД ☐

Учимся различать звук и букву; делить слова на слоги (сколько в слове гласных звуков, столько и слогов).

Помоги собачке собрать все косточки,
а кошке всю рыбку.

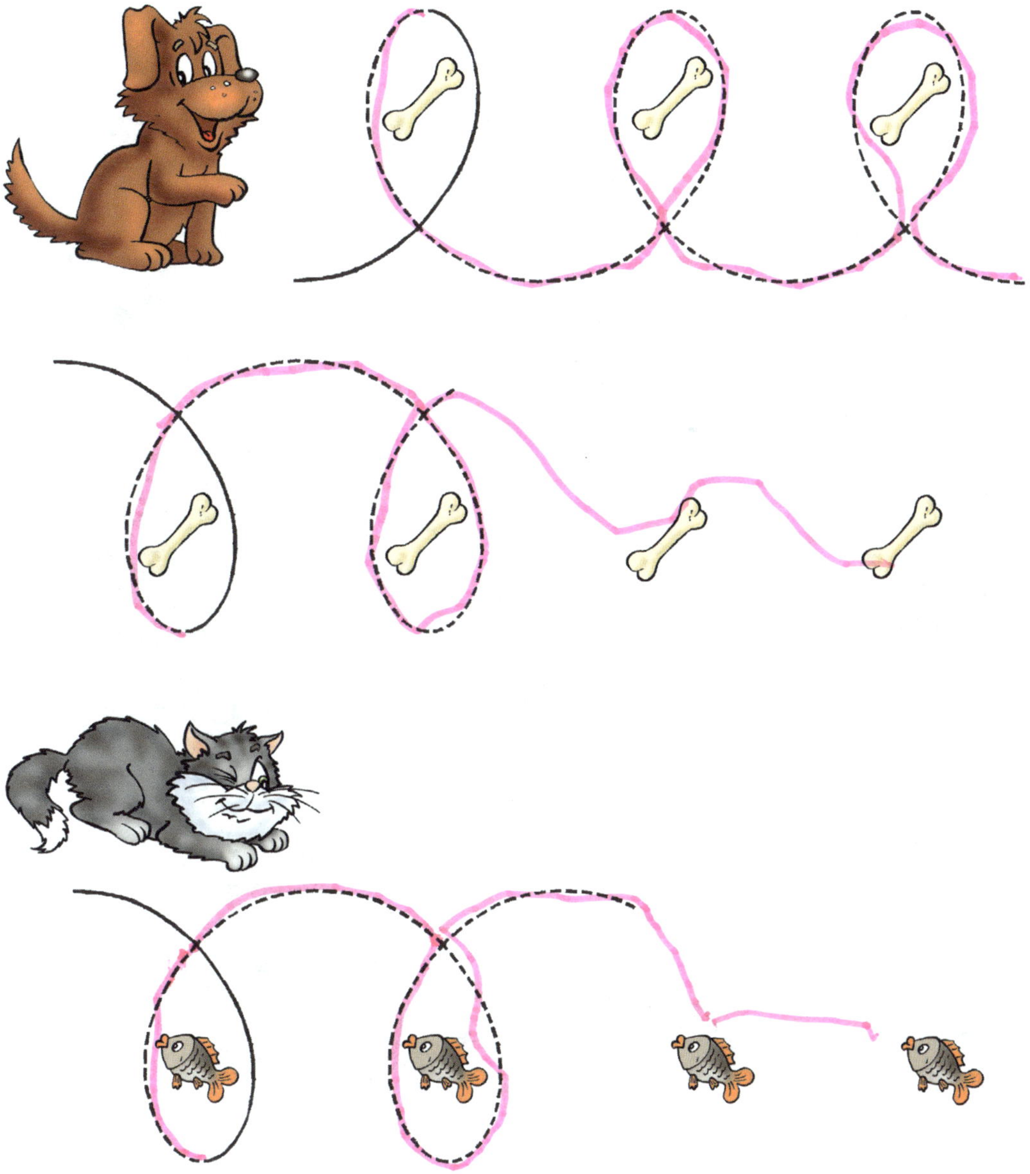

ДЛЯ ВЗРОСЛЫХ ! *Учимся проводить петлеобразные линии сверху вниз и наоборот.*

РАЗВИТИЕ ВНИМАНИЯ

Помоги медвежонку найти дорогу домой.

ДЛЯ ВЗРОСЛЫХ !

Учимся концентрировать внимание; ориентироваться на листе бумаги.

Реши необычную задачку – проведи на рисунке четыре прямые линии так, чтобы каждому ёжику досталось яблочко.

для взрослых !

Учимся решать нестандартные задачи; развиваем сообразительность.

Кто нарисован на страничке? Что ты знаешь об этих животных? Чем они отличаются друг от друга? Как называются их домики?

для взрослых!

Учимся различать и правильно называть диких животных; составлять о них небольшой рассказ с элементами описания.

Дорисуй животных.

Развиваем координацию движения руки.

РАЗВИТИЕ МЫШЛЕНИЯ

Найди в каждом ряду лишний рисунок.
Объясни, почему он не подходит к остальным.

Для взрослых

Учимся классифицировать предметы.

К какой пальме подойдёт каждый верблюд?
Реши примеры и подбери к ним ответы.

Учимся решать примеры на сложение и вычитание.

Какие животные живут на севере, а какие – на юге? Расскажи, что ты о них знаешь.

ДЛЯ ВЗРОСЛЫХ !

Учимся составлять небольшой рассказ о животных с элементами описания.

Обведи эти рисунки точно по контуру начиная от точки в направлении, указанном стрелкой. Старайся не отрывать карандаш от бумаги.

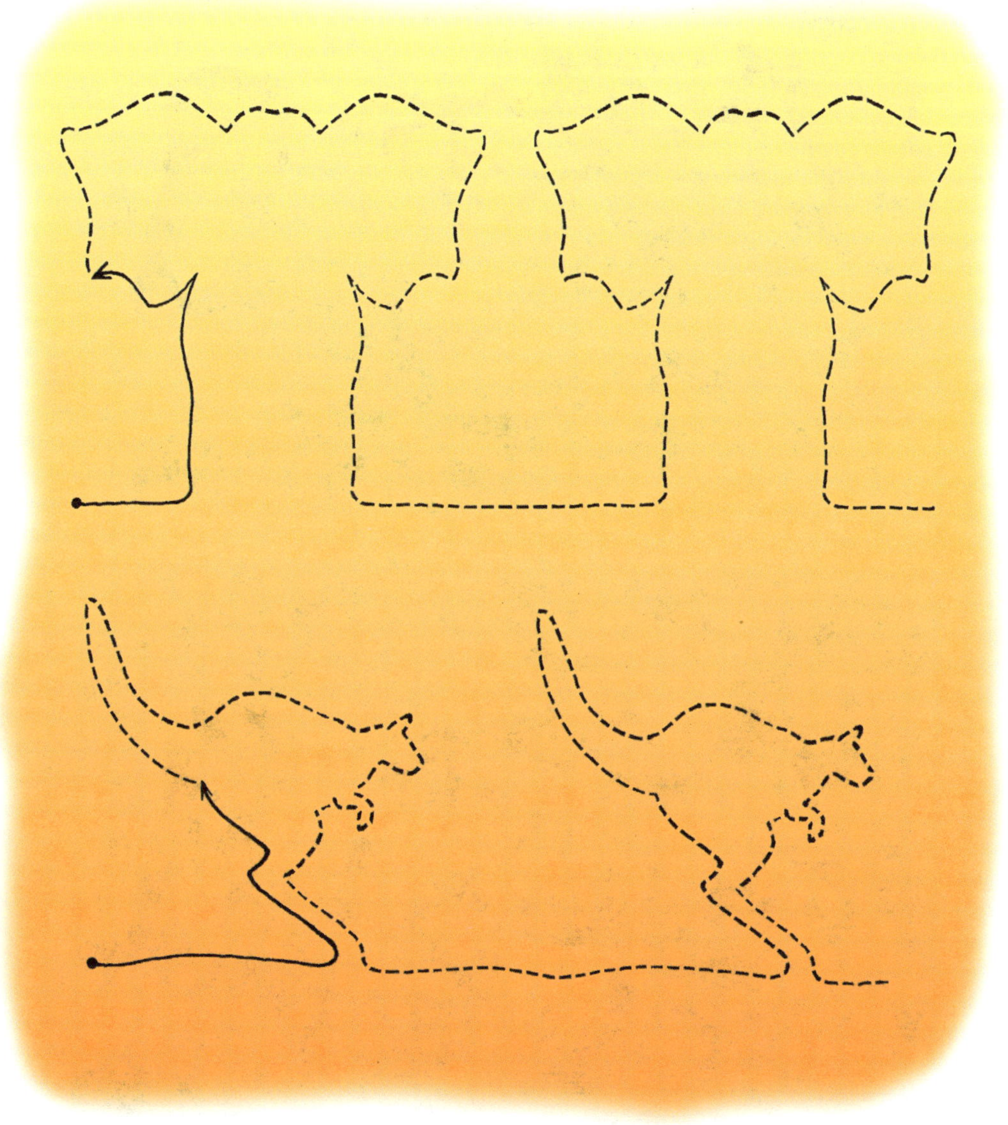

ДЛЯ ВЗРОСЛЫХ! *Развиваем координацию движения руки.*

РАЗВИТИЕ ВНИМАНИЯ

Знакома ли тебе эта сказка?
Найди отличия между картинками.

ДЛЯ ВЗРОСЛЫХ ! *Учимся сравнивать рисунки и находить отличия.*

Расскажи Незнайке, как называются эти геометрические фигуры. Найди похожие на них предметы.

Учимся различать и правильно называть геометрические фигуры.

Как называются эти сказки? Попробуй их пересказать. Какая сказка понравилась тебе больше всего? Почему?

Учимся пересказывать сказки; оценивать поступки главных героев.

Дорисуй и раскрась картинку.

ДЛЯ ВЗРОСЛЫХ !

Учимся аккуратно проводить контурную линию и раскрашивать рисунок.

РАЗВИТИЕ МЫШЛЕНИЯ

Реши необычную задачку и объясни свой ответ.
«Грузовик ехал в город. Навстречу ему ехали две легковые машины и один самосвал. Сколько всего машин ехало в город?»

ДЛЯ ВЗРОСЛЫХ !

Учимся концентрировать внимание; решать задачи на сообразительность.

Реши примеры и зачеркни нужное число окошек. Знаешь ли ты их правильное название?

3 + 1

4 + 2

5 – 2

6 – 1

для взрослых !

Учимся решать примеры; соотносить цифру с определённым количеством предметов.

Как называется эта группа предметов?
Прочитай все слова и объясни их значение.

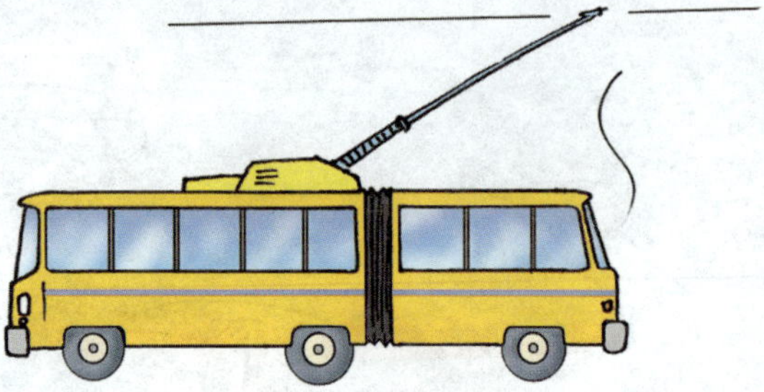

ТРОЛЛЕЙБУС

САМОКАТ

ЭКСКАВАТОР

ЭСКАЛАТОР

ВЕРТОЛЁТ

КАТЕР

Для взрослых!

Расширяем словарный запас.

Выполни штриховку рисунков в направлении, показанном стрелками.

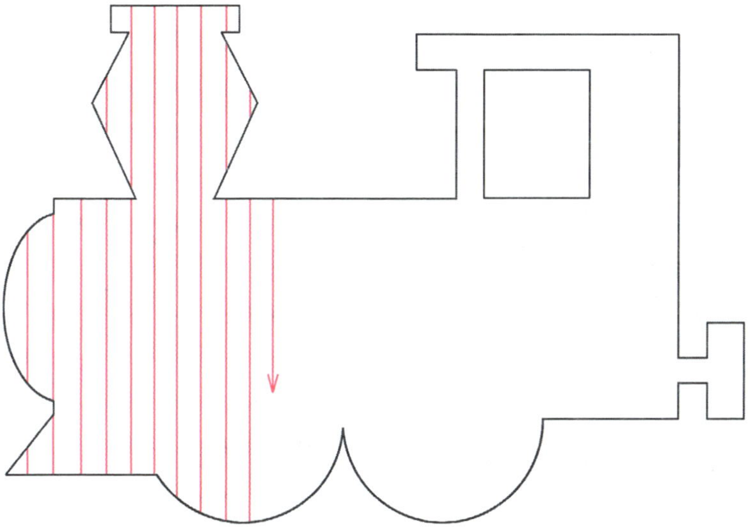

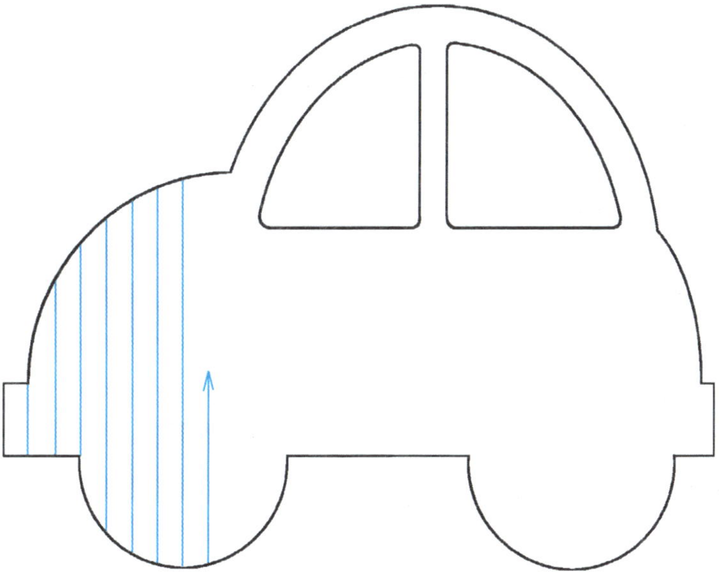

ДЛЯ ВЗРОСЛЫХ

Учимся заштриховывать фигуры, не выходя за контуры рисунка.

РАЗВИТИЕ МЫШЛЕНИЯ

Что нарисовано на страничке?
Найди в каждой группе лишний предмет.

для взрослых

Учимся классифицировать и правильно называть предметы; находить предмет, который не подходит к остальным (гребень, ушанка, чепчик, кокошник).

Сосчитай, сколько разных предметов в каждом ряду. Каких предметов больше, а каких – меньше? На сколько? Что нужно сделать, чтобы предметов стало поровну?

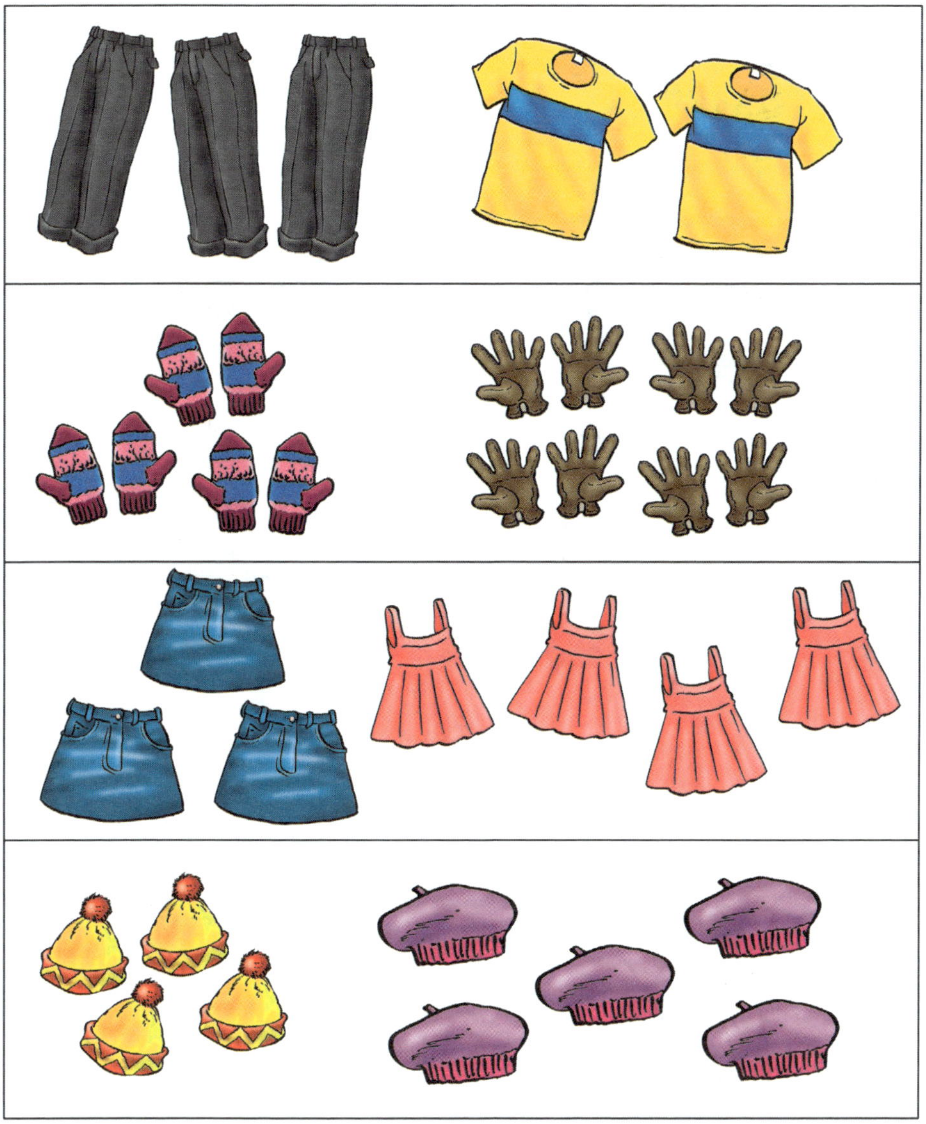

ДЛЯ ВЗРОСЛЫХ ! *Учимся уравнивать количество предметов в группе.*

РАЗВИТИЕ РЕЧИ

Прочитай подписи к картинкам. Как ты назовёшь один предмет каждой пары?

ТУФЛИ

?

КРОССОВКИ

?

ТАПКИ

?

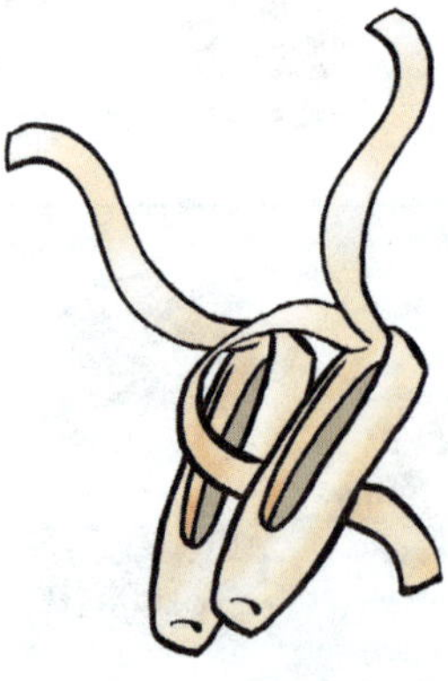

ПУАНТЫ

?

для взрослых !

Расширяем словарный запас; учимся правильно ставить существительные в форму единственного числа (одна ту́фля, одна тапка, одна кроссовка, один пуант).

Дорисуй вторые половинки картинок.

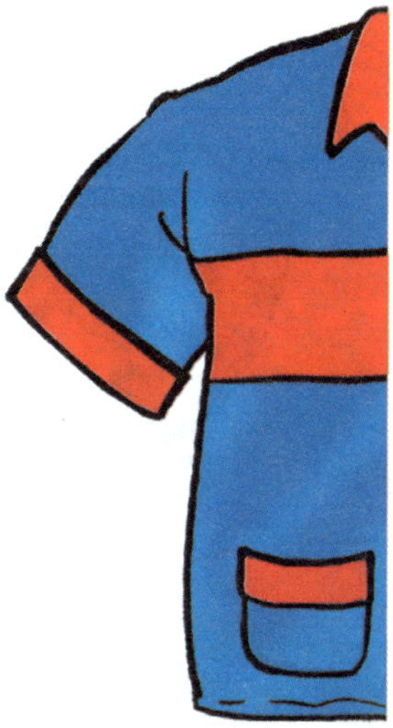

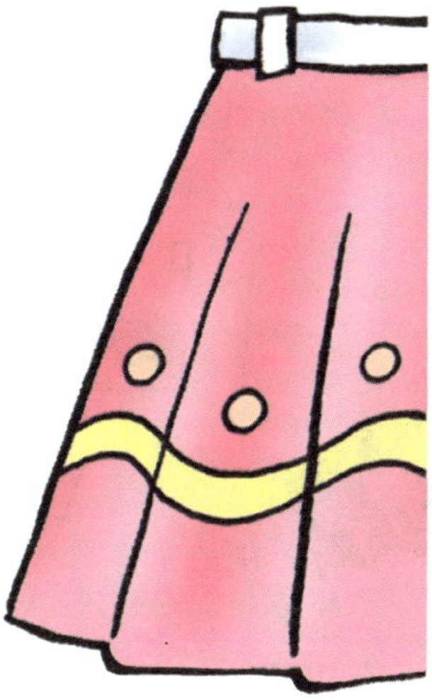

для взрослых! *Учимся симметрично отображать рисунок.*

РАЗВИТИЕ ВНИМАНИЯ

Найди осколки от каждой чашки.

ДЛЯ ВЗРОСЛЫХ !

Развиваем пространственное мышление – учимся соотносить предметы по цвету, форме и размеру; подбирать детали, подходящие друг другу.

Запиши в квадратиках внизу, сколько разных предметов на страничке. Если ты сосчитаешь все стаканчики и все вазочки, сколько всего у тебя получится предметов? Какими цифрами можно записать это число?

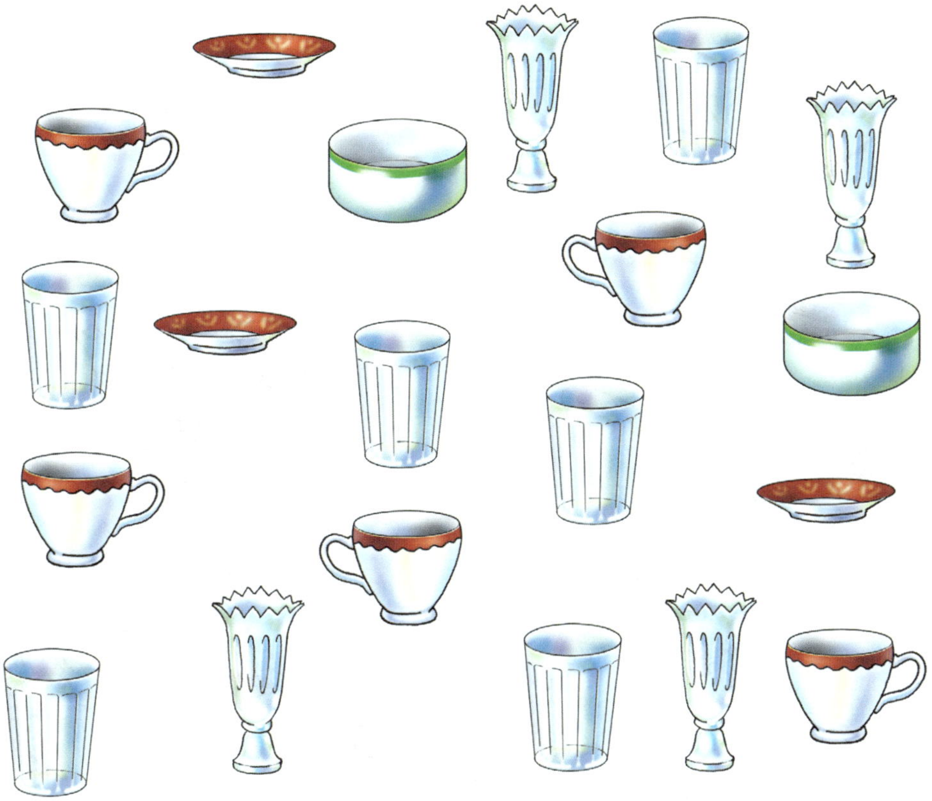

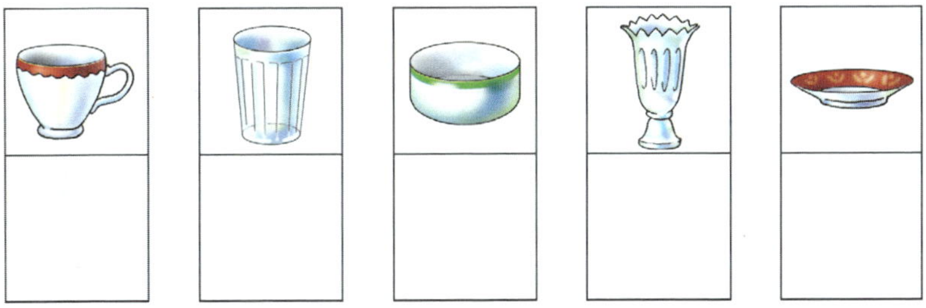

для взрослых

Учимся правильно записывать цифры; соотносить их с определённым количеством предметов.

Покажи сначала чайную посуду, затем – столовую и кухонную. Расскажи, для чего она нужна.

ДЛЯ ВЗРОСЛЫХ !

Учимся различать и правильно называть виды посуды.

Дорисуй картинку.

ДЛЯ ВЗРОСЛЫХ ! *Учимся аккуратно проводить линии и раскрашивать рисунок.*

Соедини линией предметы, которые образуют смысловые пары. Объясни свой выбор.

Для взрослых! *Учимся подбирать предметы по смыслу.*

Реши примеры и подбери к ним подходящие картинки.

1 + 3

5 + 2

3 + 3

2 + 3

Для взрослых! *Учимся решать примеры.*

Внимательно рассмотри картинку. Скажи, что растёт в поле, а что – на клумбе. Чем отличаются садовые цветы от полевых?

Расширяем словарный запас; учимся отвечать на вопросы полными предложениями.

Обведи рисунки по пунктирным линиям.

для взрослых!

Учимся аккуратно проводить контурную линию.

РАЗВИТИЕ МЫШЛЕНИЯ

Определи последовательность событий. Правильно пронумеруй картинки. Назови приметы каждого времени года.

ДЛЯ ВЗРОСЛЫХ ! *Учимся различать и правильно называть времена года.*

Придумай задачку на сложение.
Решение запиши в квадратиках внизу.

ДЛЯ ВЗРОСЛЫХ *Учимся правильно записывать решение задачи.*

Прочитай все слова на страничке.
Попробуй объяснить их значение.

НАТЮРМОРТ

ПЕЙЗАЖ

ПОРТРЕТ

АВТОПОРТРЕТ

ДЛЯ ВЗРОСЛЫХ! *Расширяем словарный запас.*

Раскрась картинку.

ДЛЯ ВЗРОСЛЫХ !

Учимся аккуратно раскрашивать рисунок.

РАЗВИТИЕ ВНИМАНИЯ

Помоги коту найти всех мышат.

ДЛЯ ВЗРОСЛЫХ ! *Учимся находить все предметы на рисунке.*

Сосчитай и запиши, сколько разных геометрических фигур изображено на рисунках.

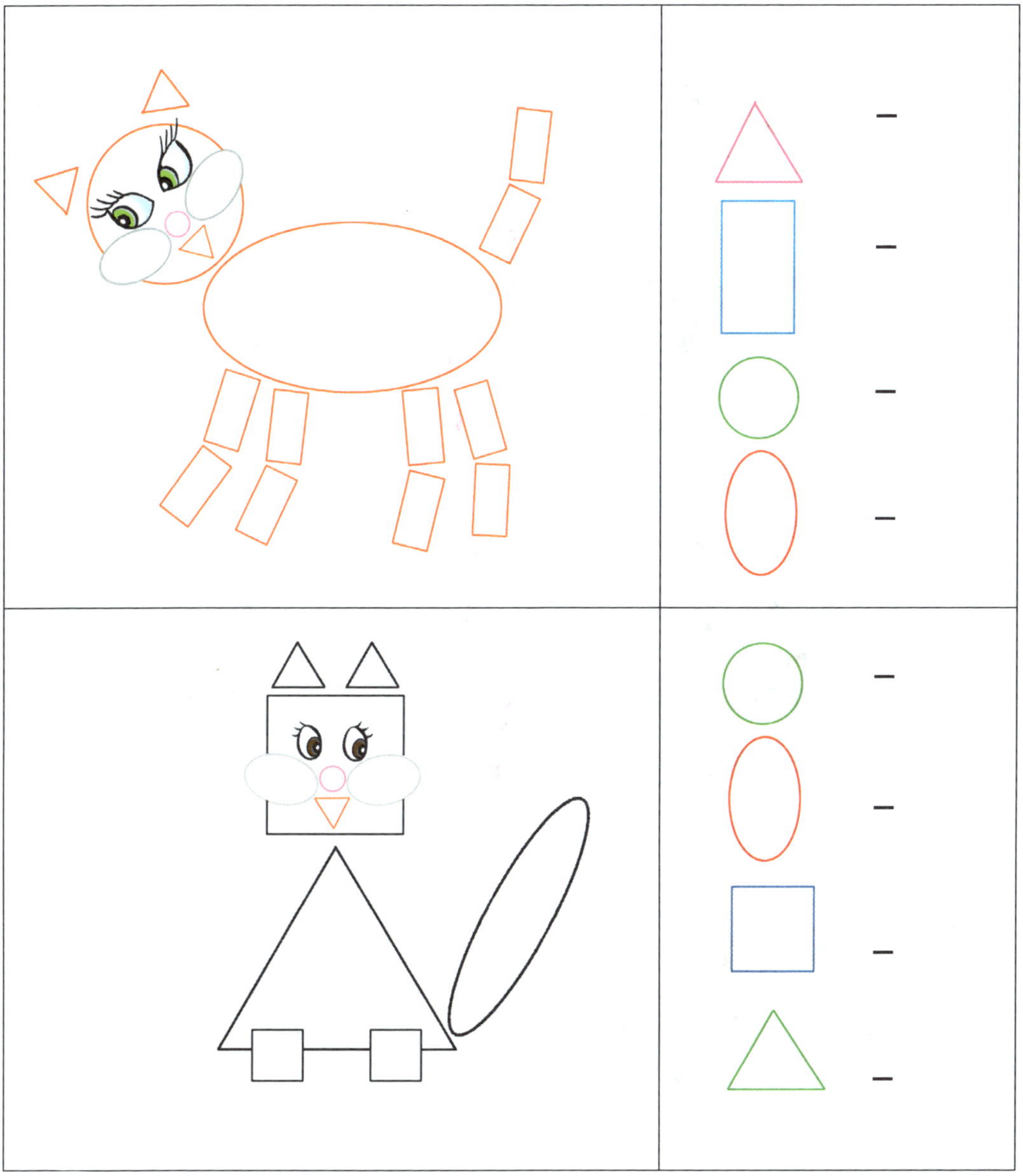

для взрослых! *Учимся правильно записывать цифры.*

Есть слова, которые звучат по-разному, но обозначают одно и то же. Прочитай подписи к картинкам и придумай к ним слова с похожим значением.

ОГРОМНЫЙ – БОЛЬШОЙ

КРОШЕЧНЫЙ – ...

РЫДАТЬ – ...

ХОХОТАТЬ – ...

ЛЕНТЯЙ – ...

ШАЛУН – ...

ДЛЯ ВЗРОСЛЫХ !

Расширяем словарный запас; учимся подбирать слова, близкие по значению (они должны быть одной части речи).

Дорисуй и раскрась картинки.

ДЛЯ ВЗРОСЛЫХ! *Развиваем координацию движения руки.*

РАЗВИТИЕ ВНИМАНИЯ

Найди на картинке трёх одинаковых бабочек.

ДЛЯ ВЗРОСЛЫХ !

Учимся находить одинаковые предметы.

Как называются эти насекомые? В каком направлении они движутся? Раскрась стрелки, которые показывают направо, – жёлтым цветом, налево – зелёным, вверх – красным, а вниз – синим.

Учимся ориентироваться в пространстве и на листе бумаги; различать понятия «влево» – «вправо», «вверх» – «вниз».

Отгадай загадки, найди рисунки-отгадки.

Прыгает пружинка –
Зелёная спинка –
С травы на былинку,
С ветки на тропинку.

В лесу у пня
Суета, беготня:
Народ рабочий
Весь день хлопочет,
Себе город построить хочет.

Летит, пищит,
Ножки длинные тащи́т.
Случай не упустит:
Сядет и укусит.

Хоть она и жалит больно,
Её работой мы довольны.

ДЛЯ ВЗРОСЛЫХ ! *Учимся отгадывать загадки.*

Дорисуй насекомых.

для взрослых

Учимся аккуратно обводить и раскрашивать рисунок.

РАЗВИТИЕ МЫШЛЕНИЯ

Таня и Маша играют на разных музыкальных инструментах. Одна девочка – на скрипке, а другая – на балалайке. Маша не умеет играть на скрипке. Найди и покажи на картинке, кто Таня, а кто – Маша.

для взрослых

Учимся решать задачи на сообразительность.

Запиши в квадратиках внизу, сколько разных музыкальных инструментов в каждой группе. Каких меньше, а каких – больше? На сколько?

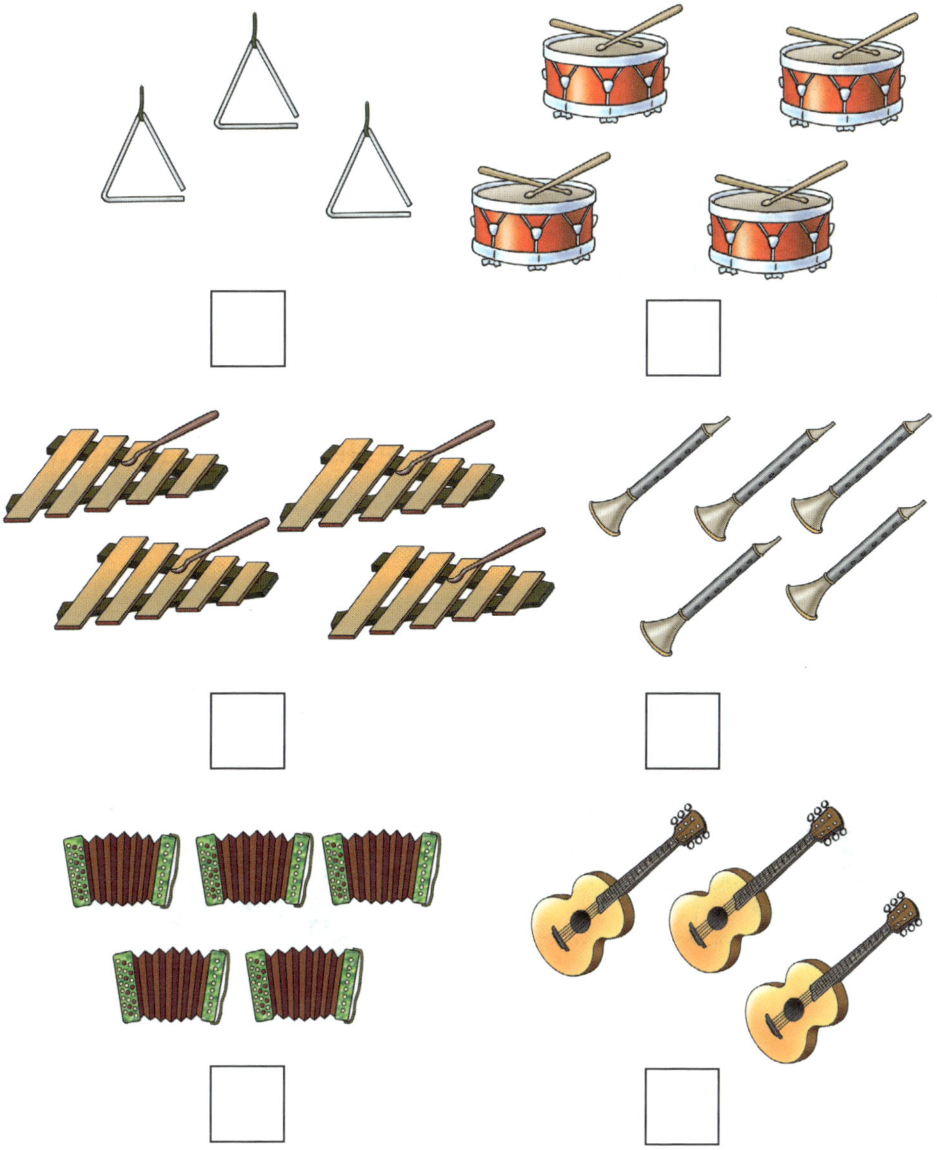

ДЛЯ ВЗРОСЛЫХ ! *Учимся сравнивать количество предметов в группах.*

Прочитай подписи к картинкам. Объясни, что обозначают эти слова. Какие виды искусства ты ещё знаешь?

ОПЕРА, ОРКЕСТР, ДИРИЖЁР

БАЛЕТ, ТАНЦОВЩИ́ЦА, КОМПОЗИТОР

КИНО, РЕЖИССЁР, АКТЁР

СКУЛЬПТУРА, СТАТУЯ, ЭСКИЗ

ДЛЯ ВЗРОСЛЫХ !

Расширяем словарный запас.

Дорисуй картинки.

ДЛЯ ВЗРОСЛЫХ ! *Учимся аккуратно обводить рисунок.*

РАЗВИТИЕ ВНИМАНИЯ

Найди отличия между картинками.

ДЛЯ ВЗРОСЛЫХ ! *Учимся сравнивать рисунки и находить отличия.*

Сколько предметов нужно дорисовать, чтобы показания значков были верными?

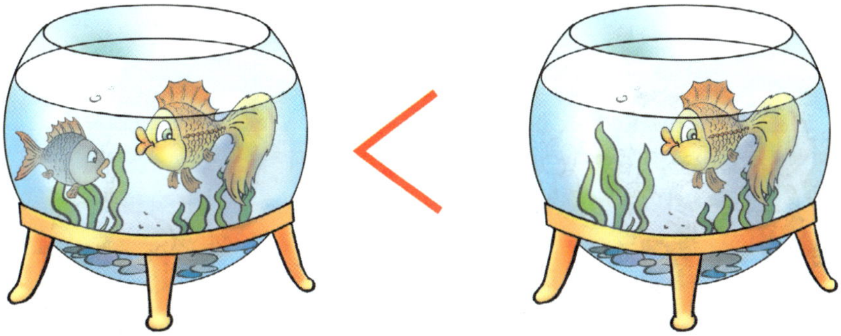

для взрослых !

Учимся сравнивать количество предметов в группе; правильно использовать математические знаки.

Как называются эти праздники?
Что ты о них знаешь?

ДЛЯ ВЗРОСЛЫХ !

Учимся составлять небольшой рассказ; правильно согласовывать слова в предложениях.

Нарисуй поздравительную открытку для мамы к любому празднику.

Развиваем творческие способности.

РАЗВИТИЕ ВНИМАНИЯ

Покажи на рисунке фрагменты изображения.

ДЛЯ ВЗРОСЛЫХ !

Учимся быстро находить на рисунке нужные фрагменты.

Реши примеры, и ты узнаешь, на каких веточках будут висеть эти ёлочные игрушки.

для взрослых! *Учимся решать примеры.*

Составь рассказ по картинке.

ДЛЯ ВЗРОСЛЫХ !

Учимся составлять рассказ по сюжетной картинке (не менее 4–5 предложений).

Дорисуй картинки.

Для взрослых! *Учимся обводить рисунки по контуру.*

РАЗВИТИЕ МЫШЛЕНИЯ

Как ты думаешь, куда едут дети?
Зачеркни лишние рисунки.

ДЛЯ ВЗРОСЛЫХ! *Учимся находить закономерность и объяснять свой выбор.*

Сосчитай, сколько разных предметов нарисовано на страничке. Запиши в квадратиках нужные цифры.

для взрослых! *Учимся правильно записывать цифры.*

Внимательно рассмотри картинки.
Придумай по ним рассказ.

1

2

3

4

ДЛЯ ВЗРОСЛЫХ !

Учимся составлять небольшой рассказ по картинкам (не менее 4–5 предложений).

Обведи рисунки по пунктирным линиям.

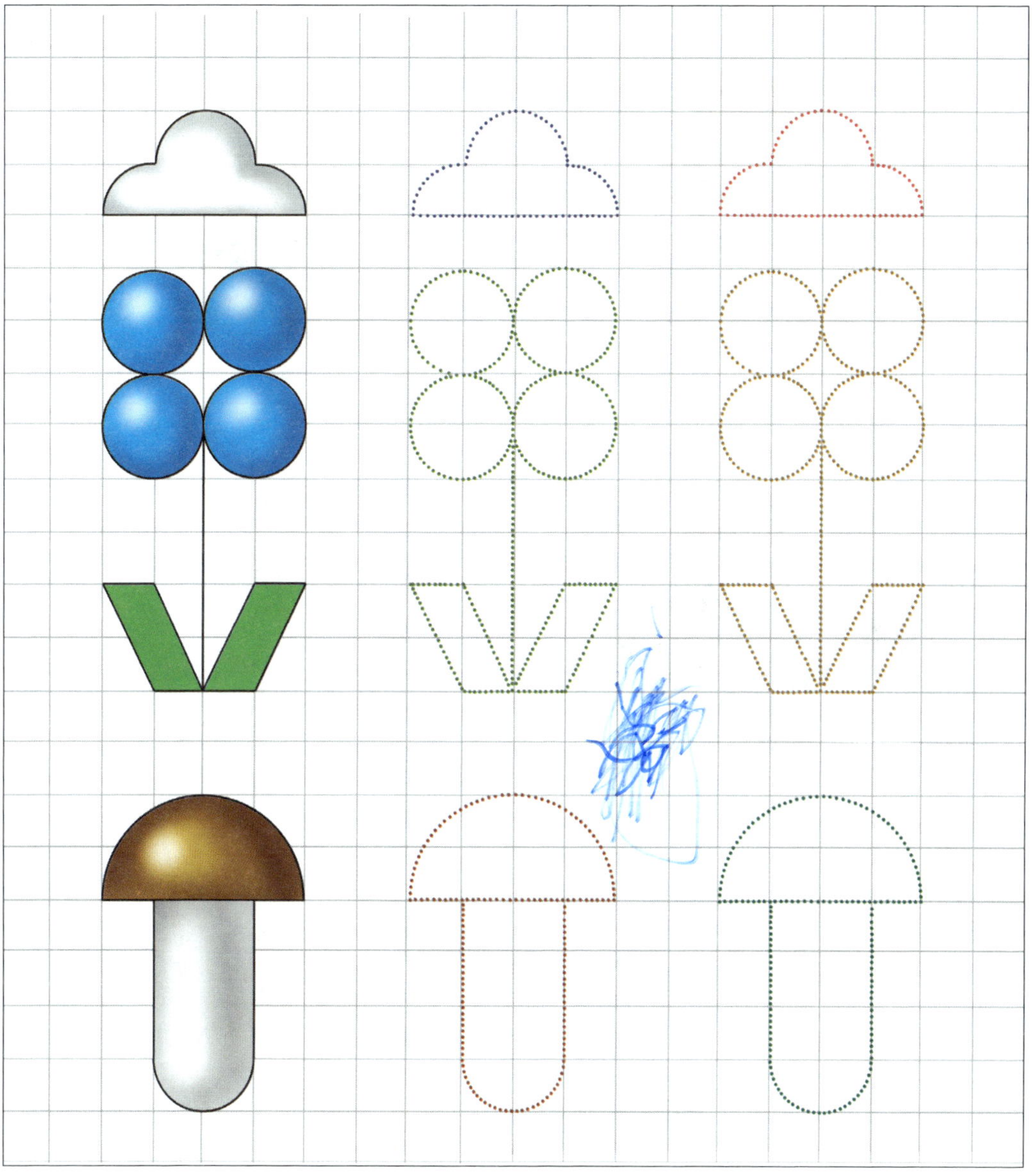

Для взрослых! *Развиваем координацию движения руки.*

РАЗВИТИЕ МЫШЛЕНИЯ

Что делают люди этих профессий? Подбери каждому из них подходящий предмет.

ДЛЯ ВЗРОСЛЫХ ! *Учимся соотносить предметы по смыслу.*

Сосчитай, сколько газет, журналов, посылок и писем разнёс почтальон. Раскрась кружочков на один меньше. Какие числа у тебя получились?

ДЛЯ ВЗРОСЛЫХ !

Учимся правильно называть предыдущее число.

Как называется эта профессия?
Что ты о ней знаешь?

Расскажи, что делает кузнец.

ДЛЯ ВЗРОСЛЫХ!

Расширяем словарный запас; учимся правильно называть действия; составлять небольшой рассказ.

Нарисуй по клеточкам точно такие же предметы.

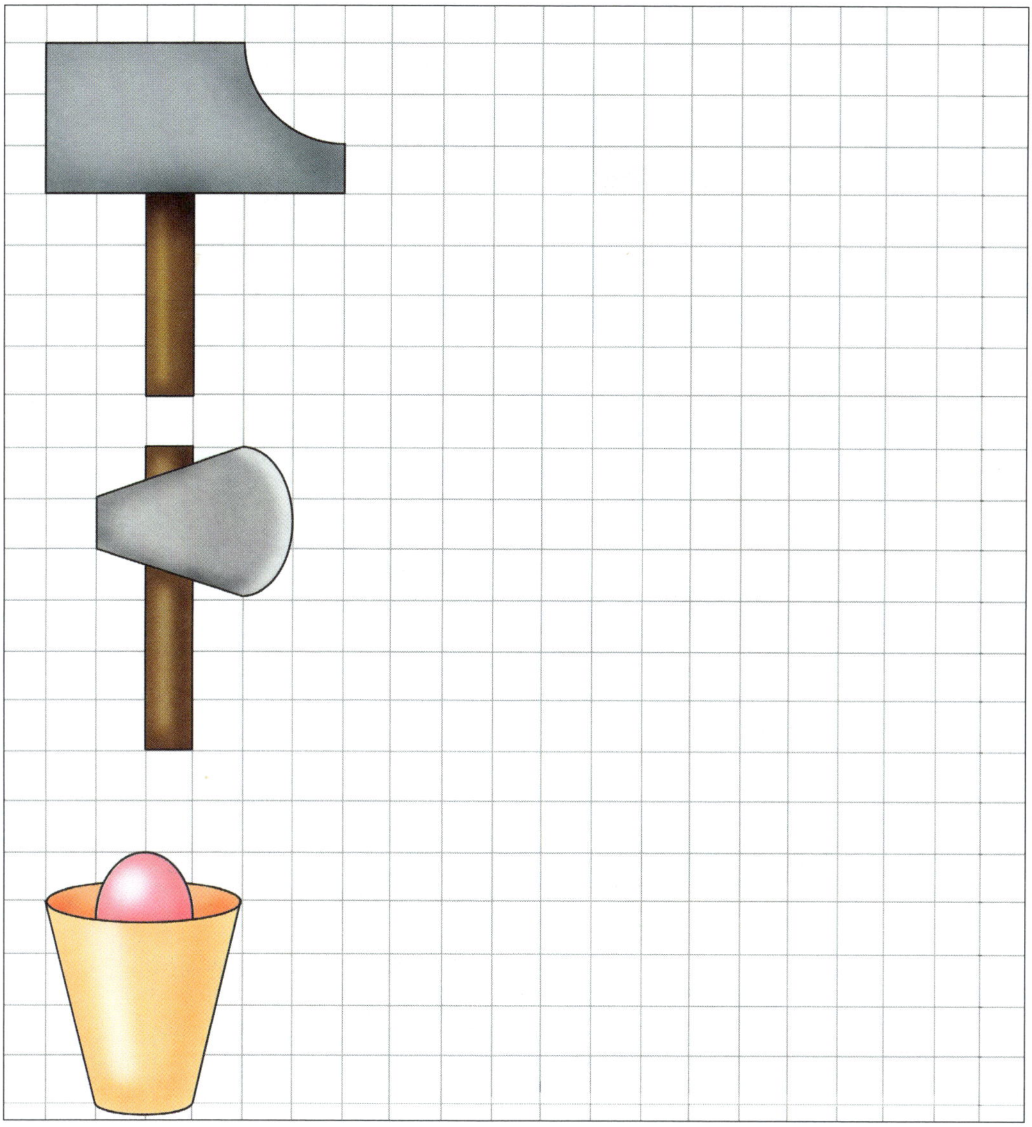

Учимся копировать рисунок по клеточкам.

РАЗВИТИЕ ВНИМАНИЯ

Чего не хватает на этих рисунках?

Для взрослых

Учимся находить недостающие детали у предметов.

Соедини все точки в правильной последовательности, и ты узнаешь, что хотел нарисовать художник. Внизу странички запиши числа в обратном порядке.

Для взрослых

*Учимся считать от **1** до **10** в прямом и обратном порядке; правильно записывать цифры.*

Найди парные картинки. На них нарисованы предметы, которые называются одинаково, но имеют разное значение.

Для взрослых! *Расширяем словарный запас.*

Обведи рисунки по пунктирным линиям.

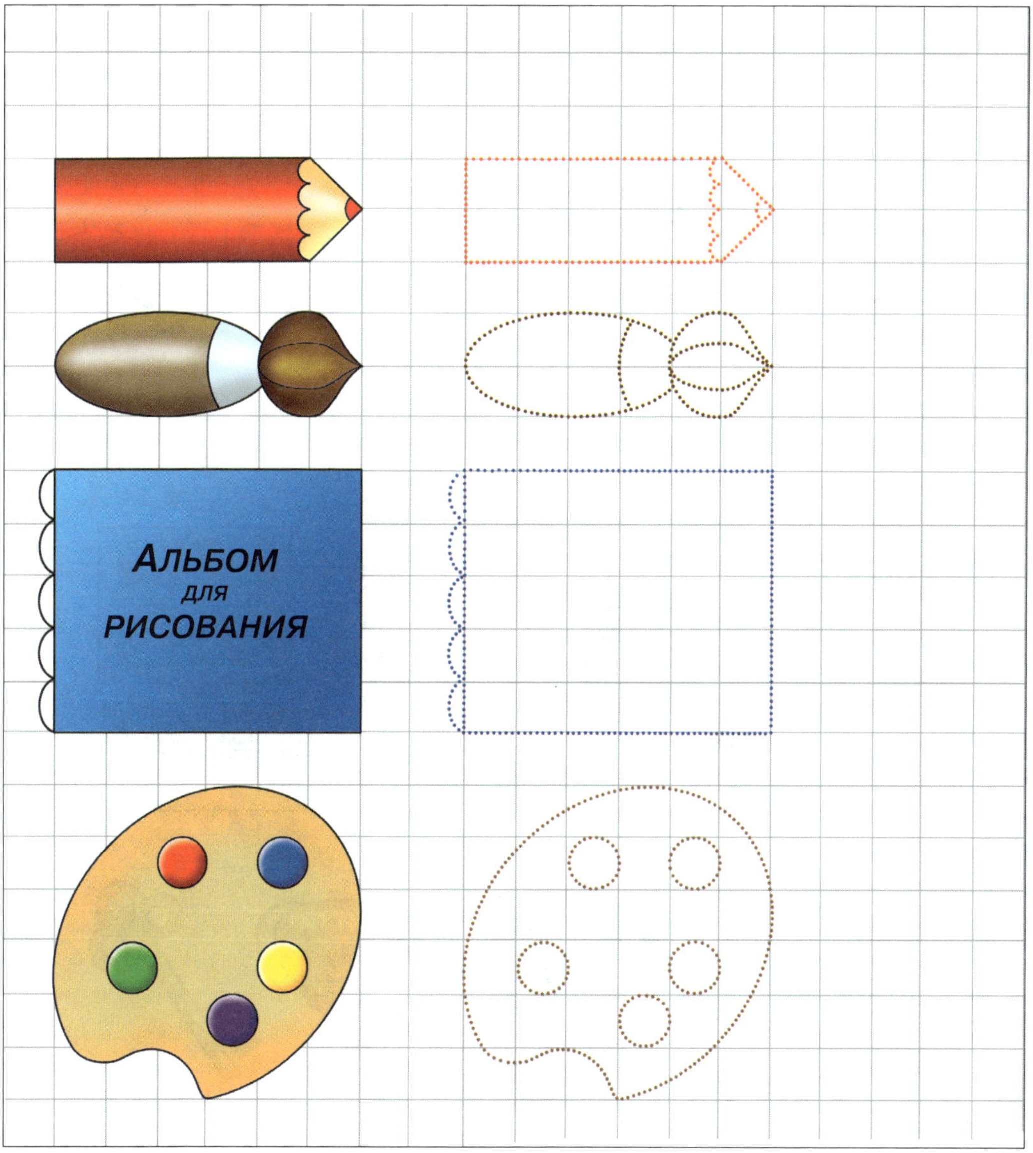

ДЛЯ ВЗРОСЛЫХ ! *Учимся обводить рисунки по контуру.*

РАЗВИТИЕ МЫШЛЕНИЯ

Найди лишний предмет в каждом ряду.
Объясни свой выбор.

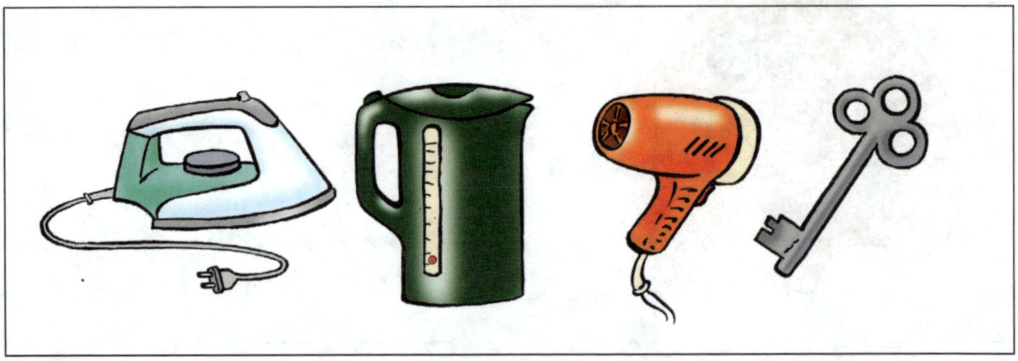

Для взрослых! *Учимся классифицировать предметы.*

Катя участвовала в игре «Поле чудес» и заработала **9** призовых очков. Какие предметы она может выбрать на эту сумму?

ДЛЯ ВЗРОСЛЫХ ! *Учимся раскладывать числа.*

Что нарисовано на страничке?
Для чего нужны эти предметы?

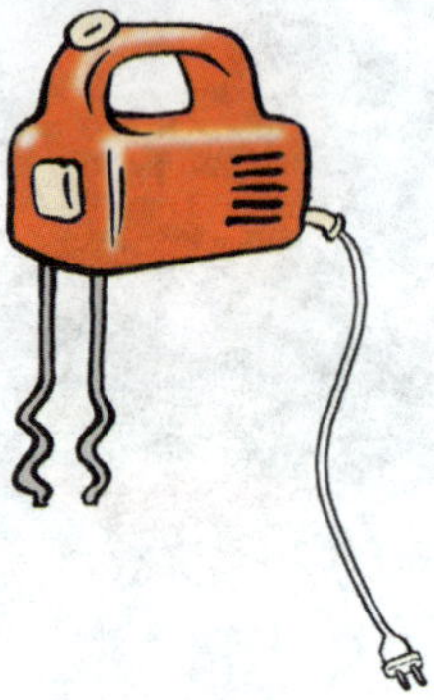

ДЛЯ ВЗРОСЛЫХ !

Расширяем словарный запас; учимся отвечать на вопросы полными предложениями и составлять небольшой рассказ.

Раскрась фотографии гномика
в соответствии со значками.

Для взрослых! *Учимся аккуратно и правильно раскрашивать рисунки.*

РАЗВИТИЕ МЫШЛЕНИЯ

Таня, Лена и Оля вышили разные салфетки.
Таня вышивала не цветок и не яблоко,
а Оля – не вишенки и не цветок.
Что вышила каждая девочка?

Учимся решать задачи на сообразительность.

Реши примеры, и ты узнаешь, из каких клубочков связаны эти вещи.

7

3 + 2

5

6 – 5

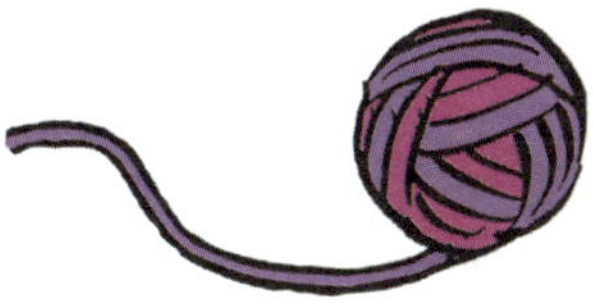

4

4 + 3

1

8 – 4

для взрослых !

Учимся решать примеры на сложение и вычитание.

Пронумеруй картинки по порядку и придумай по ним рассказ.

ДЛЯ ВЗРОСЛЫХ ! *Учимся составлять рассказ по картинкам.*

Раскрась коврик в соответствии со значками.

Для взрослых!

Учимся аккуратно и правильно раскрашивать рисунок.

РАЗВИТИЕ ВНИМАНИЯ

Найди на большой картинке всех животных и птиц, которые нарисованы внизу странички. Знаешь ли ты, как они «разговаривают»?

ДЛЯ ВЗРОСЛЫХ ! *Учимся находить на рисунке нужные предметы.*

Реши примеры, и ты узнаешь, какое яичко снесла каждая курочка.

ДЛЯ ВЗРОСЛЫХ *Учимся решать примеры на сложение и вычитание.*

Запомни и повтори потешки.

Ваня, Ваня – простота,
Купил лошадь без хвоста.
Сел задом наперёд
И поехал в огород.

Сова, совинька, сова,
Большая голова.
На колу сидела,
В сторону глядела,
Головой вертела.

ДЛЯ ВЗРОСЛЫХ !

Учимся запоминать и с выражением рассказывать потешки.

Раскрась картинку.

ДЛЯ ВЗРОСЛЫХ !

Учимся аккуратно раскрашивать рисунок.

РАЗВИТИЕ МЫШЛЕНИЯ

Назови всех этих людей одним словом.
Кто из них старше, а кто младше?
Кем они приходятся друг другу?

ДЛЯ ВЗРОСЛЫХ ! *Учимся классифицировать предметы; определять своё место в семье.*

Помоги мальчику правильно расставить кубики – найди пропущенные цифры. Какие числа они обозначают?

Для взрослых

Учимся понимать, что цифра – это «знак», графическое обозначение числа, или количества предметов (цифры 1 и 0 обозначают число «десять»).

Подбери слова с противоположным значением.

МОЛОДОЙ – ...

ЗДОРОВЫЙ – ...

ВЕСЁЛАЯ – ...

МОКРЫЙ – ...

ЛЁГКАЯ – ...

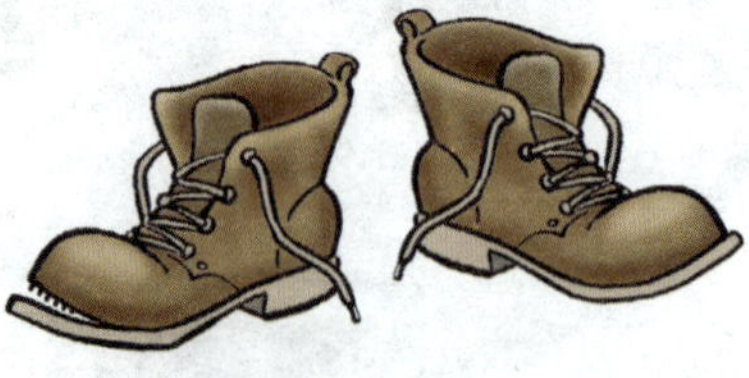

РВАНЫЙ – ...

ДЛЯ ВЗРОСЛЫХ !

Расширяем словарный запас; учимся подбирать слова противоположные по смыслу (они должны быть одной части речи).

Закончи картинку.

ДЛЯ ВЗРОСЛЫХ !

Учимся аккуратно раскрашивать рисунок; развиваем творческое мышление.

ЧТО ДОЛЖЕН УМЕТЬ РЕБЁНОК В ВОЗРАСТЕ ОТ 4 ДО 5 ЛЕТ?

Память, внимание, мышление

- Находить ошибки и несоответствия на картинках.
- Расставлять от 6 до 8 картинок в правильной последовательности.
- Запоминать 5–6 предметов, содержание сюжетного рисунка.
- Находить пару каждому предмету; объяснять, какая между ними связь.
- Правильно отвечать на вопросы: «Для чего нужны больница, парикмахерская, почта, магазин?», «Какую одежду и обувь ты наденешь, собираясь на прогулку, когда на улице идёт дождь?»
- Находить закономерность в расположении предметов.
- Решать простые логические задачи и из трёх предметов выбирать нужный.
- Находить признаки сходства и отличия между двумя предметами и рисунками.
- Различать и правильно называть все цвета и оттенки.
- Правильно определять последовательность времён года, порядок дней недели; части суток.
- Отвечать на вопросы: «В какой стране ты живёшь? Назови столицу нашей Родины. Кем работают твои родители?»
- Выполнять элементарные правила поведения на улице (переходить дорогу в специально отведённых местах на зелёный знак светофора; обходить люки, бросать мусор в урны и т. д.).
- Понимать, что хорошо, а что плохо.

Математика

- Считать от **1** до **10** в прямом и обратном порядке, расставлять цифры в правильной последовательности.
- Находить пропущенное число.
- Узнавать и правильно писать цифры.
- Раскладывать (составлять) числа (знать состав числа).
- Различать понятия: «количество», «число», «цифра».
- Сравнивать количество предметов, понимать значение математических знаков >, <, =.
- Сравнивать предметы по величине (длине, ширине, высоте, толщине).

- Уравнивать количество предметов в группе.
- Правильно использовать в речи порядковые числительные.
- Решать простые примеры и задачи на сложение и вычитание.
- Ориентироваться в пространстве и на листе бумаги (вправо, влево, посередине, вверху, внизу, спереди, сзади).
- Узнавать и правильно называть геометрические фигуры: круг, овал, треугольник, квадрат, прямоугольник, ромб.

Развитие речи

- Правильно произносить все звуки; говорить не торопясь, с выражением.
- Называть предметы окружающей обстановки, действия людей и животных.
- Называть обобщающим словом предметы, относящиеся к группам: «мебель», «рабочие инструменты», «игрушки», «транспорт», «продукты», «овощи», «фрукты», «одежда», «музыкальные инструменты» и т. д.

- Правильно ставить существительные в форму единственного и множественного числа.
- Находить предмет по описанию (лимон – *овальный, кислый, жёлтый, съедобный*); самостоятельно составлять описание предмета.
- Подбирать слова, близкие и противоположные по значению (добрый – злой).
- Понимать значение предлогов (в, на, под, за, между, перед, около и т. д.).
- Знать, какие бывают праздники.
- Знать, какие бывают профессии, чем занимаются люди этих профессий.
- Поддерживать беседу: уметь отвечать на вопросы и правильно их задавать.
- Рассказывать наизусть несколько стихотворений, потешек, загадок; отгадывать загадки.
- Составлять по картинке связный рассказ из 5–6 предложений; согласовывать слова в роде, числе, падеже.
- Пересказывать содержание услышанной сказки; употреблять в речи простые и сложные предложения.
- Придумывать окончание к рассказу.
- Выделять первый и последний звук в слове; понимать, чем отличается буква от звука (звуки – это то, что мы слышим; а знаки, которыми мы обозначаем звуки на письме, называются буквами).
- Правильно называть звуки и буквы; читать слова из двух и более слогов и понимать их смысл; делить слова на слоги.

Графические навыки

- Пользоваться различными изобразительными средствами: мелками, красками, карандашами, фломастерами.
- Проводить различные линии разной длины и направления; рисовать простые предметы, окружности; обводить, штриховать, копировать, рисовать по клеточкам и раскрашивать картинки.

УДК 372.3/4
ББК 74.102
З-51

Издание развивающего обучения

Для дошкольного возраста

Серия «УМНЫЕ КНИЖКИ»

Земцова Ольга Николаевна

ГРАМОТЕЙКА

Интеллектуальное развитие детей 4–5 лет

Художник *Ю. Якунин*

Ответственный редактор *О. Фесенко*
Редактор *О. Самусенко*
Художественный редактор *М. Панкова*
Технический редактор *Т. Андреева*
Корректоры *Т. Филиппова, Т. Чернышева*
Компьютерная верстка *О. Краюшкина*
Дизайн обложки *Н. Яскина*

ООО «Издательская Группа «Азбука-Аттикус» –
обладатель товарного знака Machaon
115093, Москва, ул. Павловская, д. 7, эт. 2, пом. III, ком. № 1
Тел. (495) 933-76-01, факс (495) 933-76-19
E-mail: sales@atticus-group.ru

Филиал ООО «Издательская Группа «Азбука-Аттикус» в г. Санкт-Петербурге
191123, Санкт-Петербург, Воскресенская набережная, д. 12, лит. А
Тел. (812) 327-04-55
E-mail: trade@azbooka.spb.ru

ЧП «Издательство «Махаон-Украина»
Тел./факс (044) 490-99-01
e-mail: sale@machaon.kiev.ua

www.azbooka.ru; www.atticus-group.ru

Подписано в печать 15.06.2018. Формат 84x108 $^1/_{16}$.
Бумага офсетная. Гарнитура «Прагматика». Печать офсетная.
Усл. печ. л. 13,44. Доп. тираж 20 000 экз. U-UK-14419-12-R. Заказ № 4796/18.
Дата изготовления 25.06.2018.
Срок службы (годности): не ограничен.
Условия хранения: в сухом помещении.

Отпечатано в России.
Отпечатано в соответствии с предоставленными материалами
в ООО «ИПК Парето-Принт». 170546, Тверская область,
Промышленная зона Боровлево-1, комплекс № 3А
www.pareto-print.ru

Земцова О. Н.
З-51 Грамотейка. Интеллектуальное развитие детей 4–5 лет. – М. : Махаон, Азбука-Аттикус, 2018. – 128 с. : ил. – (Умные книжки).

ISBN 978-5-389-06443-0

В этой книге вы найдёте самые разнообразные задания, предназначенные для занятий с детьми среднего дошкольного возраста, по математике, развитию речи, познавательных способностей (памяти, внимания, мышления), а также на развитие координации движения руки и тонкой моторики. Малыши смогут узнать много нового и интересного об окружающем мире, развить свои творческие способности.

С книгой легко и удобно работать, и для маленьких учеников занятия превратятся в весёлую и увлекательную игру.

УДК 372.3/4
ББК 74.102

Знак информационной продукции (Федеральный закон № 436-ФЗ от 29.12.2010 г.) 0+

Товар соответствует требованиям ТР ТС 007/2011 «О безопасности продукции, предназначенной для детей и подростков».